**Bibliografische Information der
Deutschen Nationalbibliothek**
Die Deutsche Nationalbibliothek verzeichnet diese Publikation in der
Deutschen Nationalbibliografie; detaillierte bibliografische Daten sind
im Internet unter http://dnb.d-nb.de abrufbar

© *2. Auflage 2010 Helga Rikken*

Homepage der Autorin: http://rikken.dyndns.org/helga/

Layout, Satz und Gestaltung:
Bettina Wiedig / kukmedien.de – Kirchzell

Weitere Infos:
www.kukmedien.de
www.k-und-w-buecher.de

Herstellung und Verlag:
BoD GmbH, Norderstedt

ISBN: 978-3-8391-7015-1

Helga Rikken

Ambrosius
und seine sprechende Biene

... die flotte Lotte

Inhalt

Jahreskreislauf der Bienen

Jedes Jahr im Winter

Die Zeit verging
Der Frühling war da
Der Schnee war schon längst geschmolzen

Die Zeit verging
Der Sommer war da
Der Herbst ließ nicht mehr lange auf sich
warten.

Eine Geschichte über das Leben der Bienen

„Hallo Ambrosius – hier spricht die flotte Lotte".

Jedes Jahr im Winter, wenn alle Menschen
denken, die Bienen halten ihren Winterschlaf,
geht Imker Ambrosius in seinen Garten.
Dort steht sein Bienenhaus.

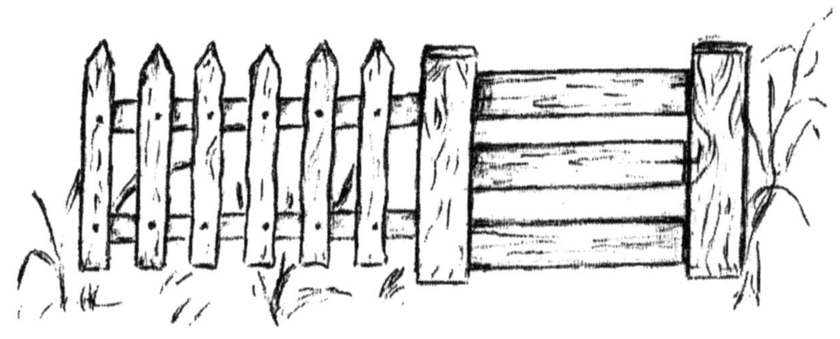

Er hat sechs Völker. Um zu hören, ob alles
noch in Ordnung ist, holt er einen dünnen
Schlauch hervor.
Was macht er wohl damit?
Behutsam nähert er sich seinen Bienenkästen.
Die Fluglöscher, sechs an der Zahl, sind öd und
leer. Doch jetzt steckt er diesen Schlauch in das
erste Flugloch. Na nu! Ob er mit seinen Bienen
telefoniert? So sieht es aus, denn das andere
Ende des Schlauches hält er an sein Ohr.

Wisst ihr, was er hört?
Ein gleichmäßiges, leises Summen. Sie schlafen
nicht seine Bienen. Sie sitzen wie eine Traube
dicht beieinander.
Und mitten in diesem dichten Bienengewimmel
sitzt ihre Königin.
Plötzlich hört er eine Sti8mme. Ganz leise
wimmert etwas. „Hallo, ist da jemand?", fragt
Ambrosius. „Ja, hier spricht die flotte Lotte". –
„Wie bitte?" – „Ich bin die Arbeitsbiene Lotte
und spreche für alle meine Artgenossen. Wer
bist du denn?" – „Ich bin Imker Ambrosius!" –
„Und was machst du an unserem Flugloch?" –
„Ich möchte hören, ob ihr noch lebt!" – „Ach
so, das ist aber lieb von dir, und wie ich finde
eine gute Idee. Wenn wir miteinander reden,
kann ich dir die neusten Erlebnisse erzählen,
und du brauchst dir keine Sorgen mehr um uns
zu machen".

Imker Ambrosius war sprachlos. Eine
sprechende Biene hatte er noch nie dabei. Er
hört aufmerksam zu. Wenn er antwortet, muss er
natürlich seinen Mund an den Schlauch halten.
So hat er allerhand zu tun, um im richtigen
Augenblick den Schlauch zu wechseln. Lustig
sieht es aus. Hin und her … hin und her …

„Bist du noch da, Ambrosius? Ich, die flotte
Lotte, könnte noch ein wenig mit dir plaudern.
Im Sommer habe ich keine Zeit". – „Na, dann
los, ich höre! Aber denke bitte daran, dass ich
hier draußen in der Kälte sitze. Es schneit vom
Himmel hoch. Die Schneeflocken tanzen vor
meinen Augen. Bald bin ich ein Schneemann".
– „Was ist denn das?" – „Schau einmal durch
das Flugloch nach draußen, dann wirst du
sehen, wer vor eurem Bienenhaus steht und
dass in meinem Garten ein dicker, weißer
Teppich liegt. Alle Bäume, Sträucher und
Beeren sind mit Schnee bedeckt. Auch die
Weiden haben einen weißen Mantel an". – „Oh
je, Ambrosius, Kälte ist nichts für uns Bienen!
Wir haben hier in unserem Kasten 25 bis 30
Grad Wärme. Weißt du warum?
Unsere hochverehrte Königin muss geschützt
werden, Aber auch wir. Die Arbeiterinnen
müssen überwintern, sonst stirbt unser Volk
aus. Wir sind eine große Familie. Zu uns
gehören auch noch die männlichen Bienen.
Es sind die Drohnen.
Im Winter sind sie allerdings nicht bei uns.
Moment Ambrosius, ich rufe jetzt die Lissi, es
ist meine Sekretärin. Sie ist für die schriftlichen
Arbeiten zuständig und wird dir aufzeichnen,

wie wir aussehen". – „Wie bitte?", sagt
Ambrosius. „Ja, ja, nur noch einen Augenblick,
dann wirft sie einen Brief durch das Flugloch
zu dir nach draußen. Du darfst aber mit keinem
Menschen darüber reden, denn es ist unser
Geheimnis, mein lieber Freund".

Ambrosius hatte sich kaum von dem Schreck
erholt, da schaute auch schon die größte Ecke
des Briefes aus dem Schlitz hervor.

„Das sind ja wunderbare Bienen", dachte er. Er
wusste doch genau, wie seine Bienen aussehen,
wie sie leben und arbeiten.
Zu Hause hatte er viele Bücher über die
Bienenhaltung. Er hatte schon jahrelang gelesen,
um das Leben der Bienen kennenzulernen.

Das konnte die flotte Lotte natürlich nicht
wissen. Er verabschiedete sich von ihr und
stapfte mit dem Brief in der Tasche durch den
tiefen Schnee nach Hause.

Unterwegs überlegte er, ob er seiner Frau Marie
und seinen Imkerfreunden von diesem
sonderbaren Erlebnis erzählen sollte.
„Nein, nein", dachte er bei sich, „ich werde
schweigen, sonst wird mir die flotte Lotte
nichts mehr erzählen". Er glaubte eigentlich
auch, etwas ganz Neues zu erfahren, was nicht
in seinen Büchern steht. So neugierig war er
noch nie in seinem Leben.

So kam es, dass er den Brief erst dann öffnete,
als er ganz allein war. Vorsichtig faltete
Ambrosius das Blatt auseinander. Seine Hände
zitterten ein wenig, denn so etwas hatte er noch
nicht erlebt. Bienenpost? Kennt ihr solche Post?
Schaut euch das einmal an, was die kleine
Lissi-Biene mit ihrem Rüssel gemalt und
geschrieben hat!

Lieber Ambrosius!

Gerade hat mir die flotte Lotte zugeflüstert, dass sie mit Dir gesprochen hat. Sie ist die Telefonistin und ich bin ihre Sekretärin. Weißt Du warum? Weil sie gerne redet und ich lieber schreibe. Im Winter haben wir sehr viel Zeit für Dich, lieber Ambrosius. Auf dem zweiten Blatt habe ich Dir drei Bienen gemalt. Schaue sie genau an. Sie sind alle verschieden. Da staunst Du was? Im nächsten Brief werde ich Dir lustige Bienenbilder malen.

Bis dann … sum, sum
Deine Lissi

Ambrosius war wieder einmal sprachlos.

Ihr doch sicherlich auch?

Ambrosius sprang auf, schlug mit der Hand auf
sein Bein und rief: „Nun seht euch das einmal
an!" Am liebsten wäre er auf die Straße
gelaufen, um allen Menschen zu erzählen, was
er für tüchtige Bienen hat. Was würden seine
Imkerfreunde dazu sagen?

Jeden Monat treffen sie sich, um Erfahrungen
auszutauschen. Es gibt nur sehr wenig Imker im
Dorf. „Nein, nein", dachte er wieder, „ich
werde schweigen, denn sonst wird mir die flotte
Lotte nichts mehr erzählen. Vielleicht darf dann
die fleißige Lissi auch mehr für mich zeichnen
und schreiben. Wer weiß?"
Ich glaube, es kann für mich, aber auch für euch
noch sehr interessant werden.

Wie denkt ihr darüber?

Er nahm sich einen Ordner, heftete den ersten
Bienenbrief ab und meinte: „Vielleicht habe ich
am Ende des Jahres ein richtiges Bienenbuch.
Das hat kein Imker auf der ganzen Welt!"

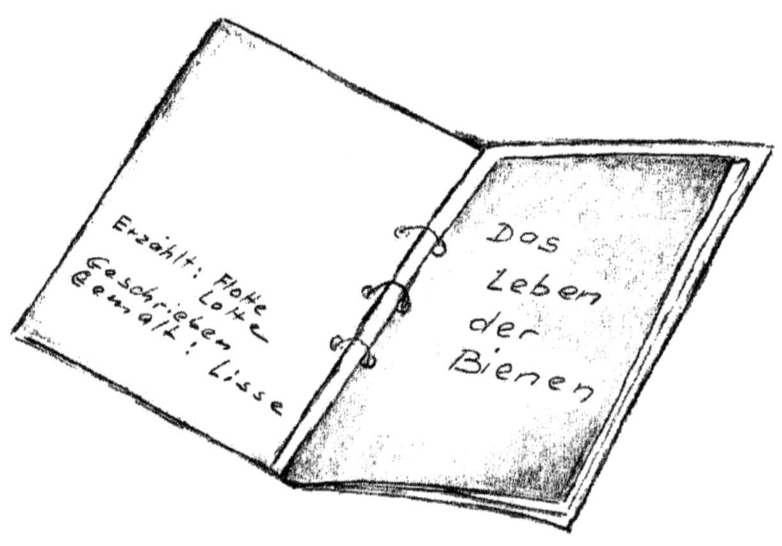

Erzählt: Flotte Lotte
Geschrieben
Gemalt: Lisse
Das
Leben
der
Bienen

So sehen wir aus:

In Wirklichkeit sind wir so groß wie
die kleinen Bienen auf diesem Bild.

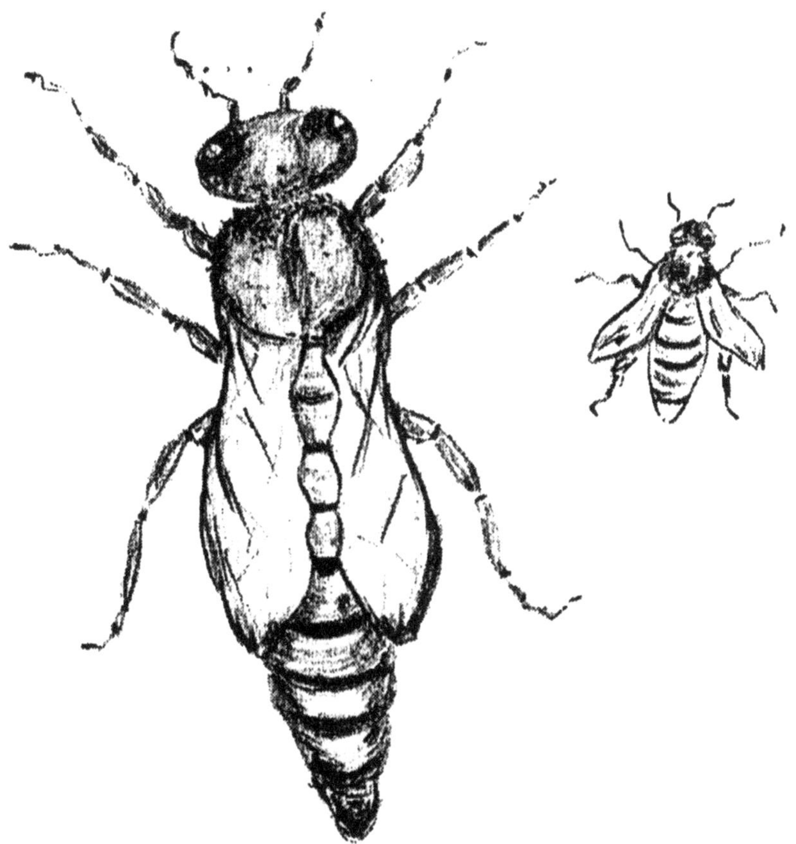

Königin
Ich lebe 2 bis 5 Jahre.

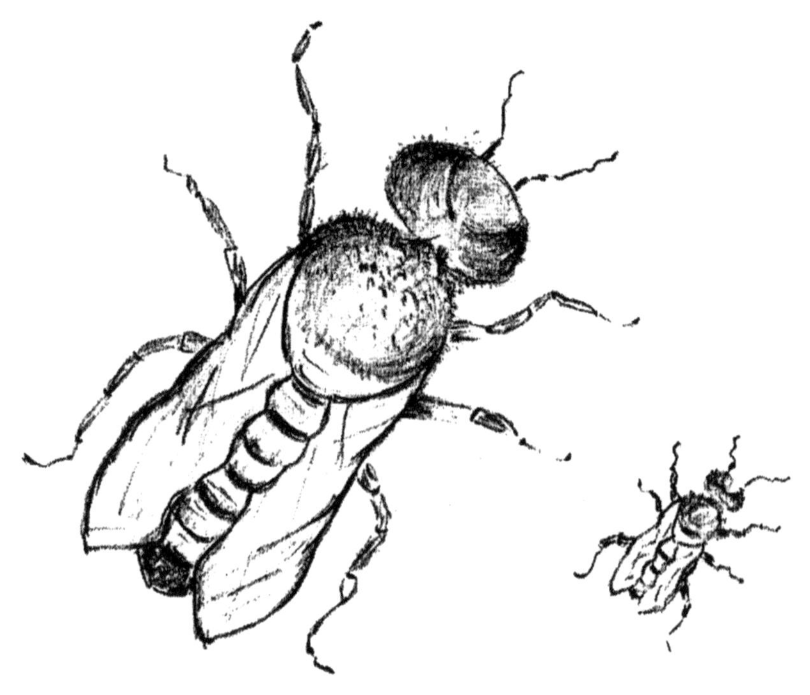

Drohne

Wir Drohnen sind 120 Tage auf der Welt.
Wir haben keinen Stachel!

Arbeiterin
Wir Arbeiterinnen leben
im Sommer 50 bis 60 Tage,
im Winter 200 Tage.

So kam es, dass er sich vornahm, mehrmals in
der Woche zu seinen Bienen zu gehen, um
etwas Neues zu erfahren.
Heute war so ein Tag.
Mit dem Schlauch in der Tasche zog er los.
Draußen war es immer noch bitterkalt.
Unterwegs machte er sich Gedanken.
„Ob die flotte Lotte wieder mit mir redet? Oder
... ob Lissi für mich gemalt und geschrieben
hat?" Es war richtig spannend.

Vorsichtig öffnete er das Gartentor und stapfte
mit seinen hohen Schuhen durch den Schnee bis
hin zu seinem geheimnisvollen Bienenhaus.
So kam es ihm jetzt vor. „Wie im Märchen",
dachte er. Jetzt war er sogar etwas aufgeregt.
Ob in den anderen fünf Völkern auch
sprechende Bienen wohnen? ... Wer weiß ...

Er holte seinen Schlauch hervor und horchte, In
jedem Kasten war, wie gewohnt, ein leises,
gleichmäßiges Summen zu hören.
Ihr müsst wissen, dass jedes Bienenvolk seinen
eigenen Kasten hat. Der Imker nennt sie
Beuten. Es ist ihre Wohnung.

Ambrosius hängt rechteckige Holzrahmen ein.
Darin hat er dünne Wachsplatten mit
vorgeprägten sechseckigen Mustern eingelötet.
Diese nennt man Mittelwände, die von den
Bienen zu sechseckigen, fertigen Zellen
ausgebaut werden.
Die Bienen leben aber nicht immer in
Wohnungen, die der Mensch gebaut hat.
Sie quartieren sich in hohlen Baumstämmen
oder Mauerlöchern ein. Ambrosius hatte jetzt
den Schlauch in der Hand und zögerte ein
wenig. „Ob meine Freundin noch mit mir
redet?"

Jetzt war das letzte Volk an der Reihe …
Zaghaft steckte er den Schlauch in das Flugloch
und wartete. „Nanu, die gleichen Geräusche
wie nebenan", dachte er. „Ob nun schon alles

vorbei ist?" Ambrosius war voller Erwartungen. Eigenartig war ihm zu Mute.

„Hallo! Hallo!", flüsterte er in den Schlauch hinein. Da! Ein leises Stimmchen.

„Bist du es Ambrosius?" – „Ja, liebe Lotte, ich bin's. Ich freu mich darüber, wieder mit dir erzählen zu können". – „Ich auch, mein Bienenfreund. Was sagst du zu der Bienenpost?" – „Wunderbar hat Lissi das gemacht. Ich möchte mich bedanken. Richte ihr Grüße von mir aus". – „Werde ich machen". – „Weißt du, flotte Lotte, ich habe mir einen Ordner angeschafft und werde jeden Brief darin abheften". – „Das ist gut so. Lissi hat nämlich in den vergangenen Tagen noch viel, viel mehr für dich gemalt. Sie ist meine fleißigste Biene überhaupt. Du wirst überrascht sein. Was hast denn du in der Zeit gemacht, als du zu Hause warst?"

„Im Augenblick bin ich dabei, für euch die Rahmen zu reinigen. Außerdem muss ich die alten Waben einschmelzen und die Mittelwände einlöten. Die Pfeife reinigen, den Imkeranzug waschen und Beuten saubermachen". – „Halt,

halt! Ambrosius, das wird mir zu viel! Darüber habe ich ja noch nie etwas gehört!" – „Das ist unsere Winterarbeit, mein flottes Lottchen". Er wollte gerade sagen und Bücher lesen. Um Himmelswillen! Davon sollte sie doch nichts erfahren. Denn wer weiß, ob sie dann noch reden würde.

„Sagtest du Pfeife reinigen, Ambrosius? Dann bist du also der Taugenichts, der uns den stinkenden Qualm in unseren Kasten bläst! Jetzt bin ich aber sauer, du Lümmel! Wenn es nicht so kalt wäre, würde ich jetzt sofort nach draußen fliegen, mich auf deine Nase setzen und dich pieksen ... das sag ich dir!" Ambrosius erschrak und schwieg. Damit hatte er nicht gerechnet.
„Bist du noch da, du Flegel?" – „Oh ja, du kleine Giftnudel, kannst du mir noch einmal verzeihen? Ich kann doch nicht anders! Wie soll ich euch denn alle zurückhalten, wenn ich im Sommer euren Kasten öffne, um euch zu betreuen. Ihr fliegt mir doch alle heraus".

„Ach soooo, das konnte ich ja nicht wissen.
Dann bist du ja doch wieder unser aller Freund.
Einen Augenblick Ambrosius, da kommt
gerade meine Lissi angekrabbelt. Sie wirft dir
wieder einen Brief durch den Schlitz unseres
Flugloches. Sie hat dir den Lebensweg unserer
Arbeitsbienen aufgezeichnet. Ambrosius lachte,
denn nun war es für ihn nichts Neues mehr,
dass sein Bienenhaus ein Postamt war.

Daran hatte er sich eigentlich schon gewöhnt.
Nein, er wartete schon auf den Briefträger und
war froh, dass er wieder mit der flotten Lotte
telefonieren konnte. Wie gut, dass er
geschwiegen hatte.
„Ambrosius, hörst du noch zu?" – „Ja, ich höre,
liebe Lotte. Aber weißt du, dass meine Hände
blau sind vor Kälte?" – „Ach du liebe Zeit,
daran habe ich nicht gedacht, mein lieber
Freund. Gehe schnell nach Hause, sonst wirst
du mir krank". – „Moment, Moment, ich schau'
mir noch eben den Brief an".

Er setzte sich auf einen dicken Baumstamm und
öffnete den Umschlag. „Donnerwetter!", er reif
so laut, dass Lissi es hätte hören müssen. Er
traute seinen Augen nicht. Ob sie das alleine
gemalt hat?

Ambrosius war so neugierig, dass er die Kälte
vergaß.

Hallo Ambrosius,

ich habe dir einige Zeilen über unseren
Lebensweg geschrieben. Wenn du dir die Bilder
betrachtest, wirst du meine Geschichte über
unser Leben besser verstehen.

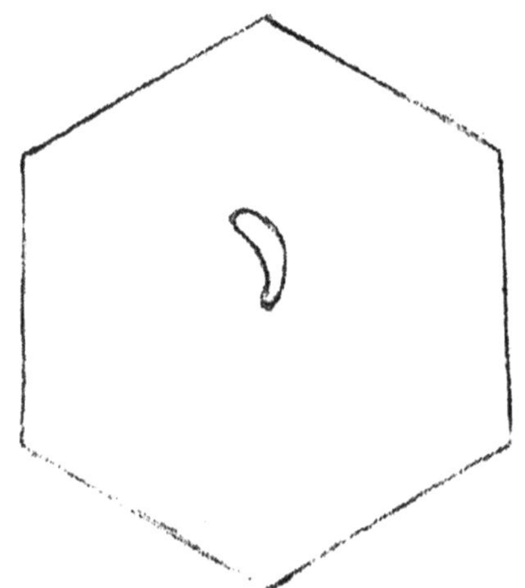

Siehst du das Ei in
Der Zelle? Es sieht
Aus wie ein Komma.

So beginnt unser
Leben. Unsere
Königin Regina hat
es dort hinein
gelegt.

Nach drei Tagen schlüpft die kleine Made. Sie
sieht uns überhaupt nicht ähnlich, hat keine Augen
und auch keine Beine. Aber gewaltigen Appetit,
das sage ich dir.
Nun müssen wir an die Arbeit, Ambrosius! Sie
bekommt von uns einen sehr feinen Saft, den wir
selber herstellen.
Das ist doch was, oder?

Nach fünf Tagen füttern wir Honig und Pollen.
Die Made wird immer größer, bis sie die Zelle
ganz ausfüllt. Nun bleibt sie ruhig liegen und
entwickelt sich zur Biene.

Kannst du dir vorstellen, was bei uns los ist,
Ambrosius? Wir haben ja nicht nur eine Made zu
versorgen, denn unsere Königin Regina legt an
einem Tag 1000 bis 1500 Eier. Jedes Ei hat seine
eigene Zelle.

So groß sind die Zellen in Wirklichkeit.

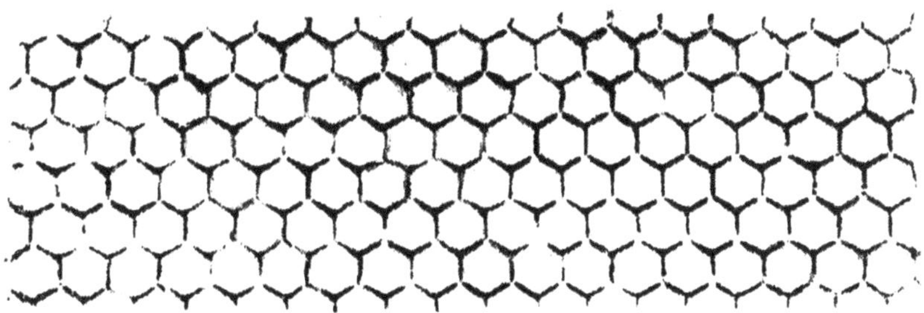

Nach 14 Tagen streckt sich die Made und spinnt
sich ein. Wir müssen genau darauf achten, denn
jetzt bauen wir über jede Zelle ein zartes
Deckelchen. Verstehst du das, Ambrosius?
Dann kümmern wir uns um die kleinen anderen
Geschwister.

So sieht das aus, wenn wir eine Wabe verdeckeln.

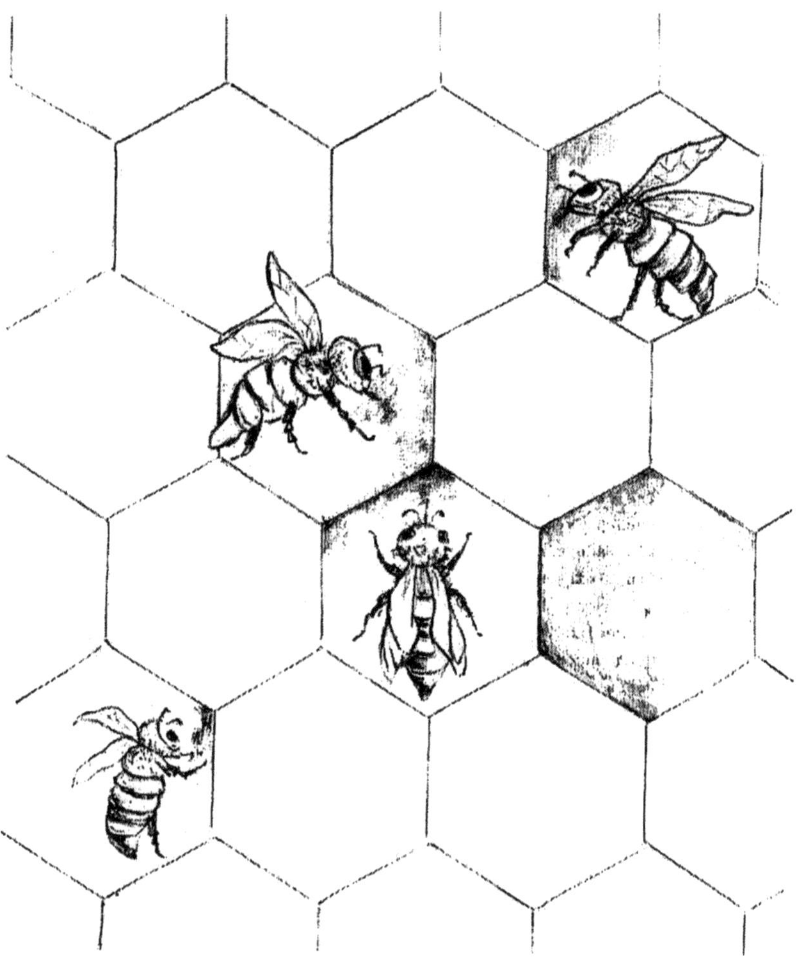

Wenn insgesamt 21 Tage vorüber sind, passiert
etwas Unglaubliches.
Was meinst du wohl Ambrosius?

Die Made ist jetzt keine Made mehr, sondern eine
dunkel gefärbte Puppe. Schau dir das nächste Bild
einmal a, dann kannst du sehen, dass sich Augen,
Beinchen und Flügel gebildet haben.

Jetzt ist es soweit.

Nun geschieht etwas Wunderbares! Die neue
Honigbiene nagt mit ihrem scharfen Kiefer den
Wachsdeckel der Zelle durch und schlüpft heraus.

Wir sind glücklich, Ambrosius, aber auch stolz
darüber, Zuwachs bekommen zu haben.
So geht es weiter, immer weiter. Tag für Tag, bis
spät in den Herbst hinein. Jetzt haben wir eine
neue Arbeitsbiene, die uns helfen kann.

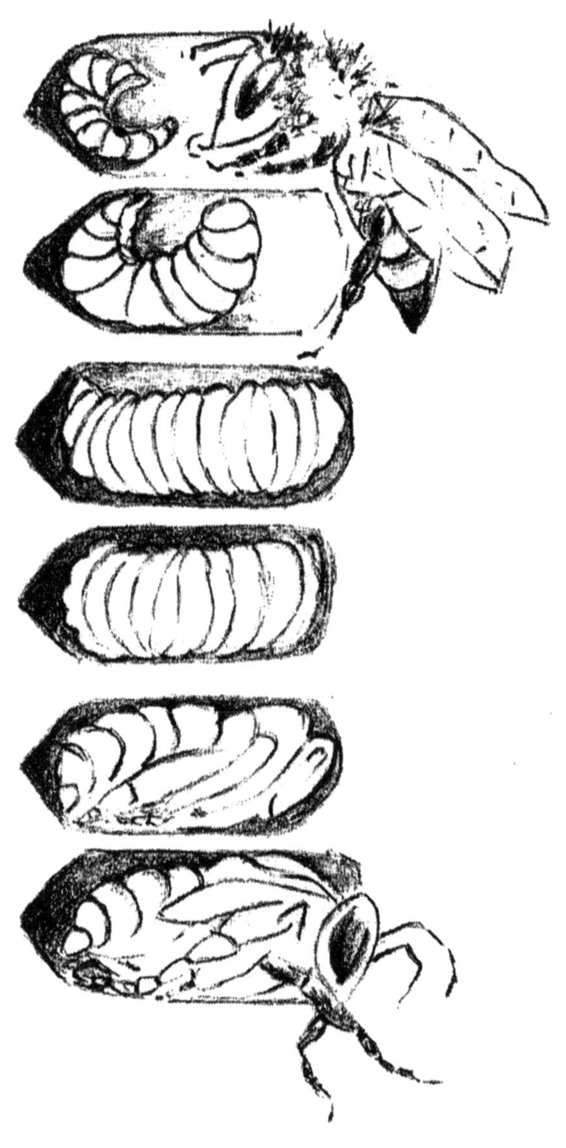

Vor lauter Freude habe ich dir lustige
Bienchen gemalt.

Was sie zu tun hat, wirst du jetzt sehen. Doch vorher möchte ich dir noch erzählen, dass wir uns die Arbeit genau einteilen.

18 Tage lang haben wir Innendienst. Wir putzen uns, säubern die Zellen, füttern die Maden und bauen neue Zellen. Wir schuften von morgens bis abends, das sage ich dir. Aber nach dem 20. Lebenstag geht's hinaus in die Natur, mein Freund.
Ganz vorsichtig, versteht sich, sonst finden wir unsere Wohnung nicht wieder. Das heißt aber nicht, dass wir jetzt faulenzen. Im Gegenteil. Wir besuchen die schönsten, bunten Blumen auf dieser Welt und sammeln ... sammeln ... sammeln ... sammeln ...

Schon am ersten Tag beginnt unsere Arbeit. Ich hatte dir geschrieben, dass wir Innendienst haben und jetzt geht's los ...

Wir putzen uns zuerst einmal selbst, mein Freund,
Ambrosius.
Dann putzen wir die Zellen, bis alles blitze blank
und sauber ist, sonst legt die Königin Regina kein
neues Ei hinein.

Nun wärmen wir die Brut.

Vom 3. bis 5. Tag füttern wir die älteren Maden
mit „Bienenbrot".

Vom 6. bis 12. Tag füttern wir die Jungbienen.

Du weißt ja, Ambrosius, mit dem Futtersaft,
den wir selbst herstellen.
Das schmeckt den Kleinen!

Wie du siehst, lieber Ambrosius, hört die Arbeit
für uns Bienen nicht auf. Das geschieht alles
vom 6. bis 12. Tag.
Wir nehmen auch noch den Nektar, den uns die
Arbeiterinnen des Außendienstes bis an das
Flugloch bringen, entgegen. Danach fliegen sie
sofort zur nächsten Blüte zurück. Aber nur,
wenn sehr viel zu tun ist. Sonst tragen sie ihre
Pollenkörbchen natürlich alleine bis in die
Zellen.
Die Körbchen hängen an unseren Hinterbeinen.
Sie sind manches Mal ganz schön schwer,
Ambrosius. Das kannst du mir glauben!

Hier siehst du, wie wir die Pollen in den Zellen
stampfen.

Und putzen, putzen, putzen, bis unser Stock
oder unsere Wohnung sauber ist.

Vom 12. bis 18. Tag sind wir Bauarbeiter. Nicht,
dass du denkst, wir bauen mit Zement!
Oh nein, Ambrosius!
Wir haben eigenen Wachs, den wir kneten und
dann ankleben.

Du weißt doch, dass sich jetzt an unserer
Bauchseite des Hinterleibes Wachsdrüsen
gebildet haben. Sie sondern Wachsplättchen ab,
die wir zum Bauen benötigen.

Wie du siehst, geht die Arbeit Hand in Hand.
Das macht hungrig! Deshalb müssen wir viel
Honig essen und Wasser dazu trinken. Wir
bauen und bauen und bauen ... alle miteinander.

Am 16.Tag, lieber Ambrosius, fliegen wir uns ein.

Wenn wir unsere neue Umgebung kennengelernt
haben, fliegen wir immer ein Stückchen
weiter vom Stock weg.

Bald finden wir den Weg zu unserer eigenen
Wohnung immer wieder zurück.

Vom 17. bis 19. Tag werden wir, wie du siehst,
Wachbienen, um unseren Stock gegen
Eindringlinge zu schützen.

Wir lassen uns doch nicht unseren guten Honig
räubern, Ambrosius!
Wespen, Hummeln und sogar Mäuse versuchen
es immer wieder. Wir werden es ihnen zeigen.

Am 21. Tag sind wir im Außendienst und
sammeln Nektar und Pollen.

Wie die Blüten duften! Mmmh ...

Wir sammeln, sammeln, sammeln ...

Nach 35 bis 40 Sammeltagen geht unser Leben
leider zu Ende ...

„Das sind aber wirklich lustige Bienchen",
sagte Ambrosius, der noch immer draußen in
der Kälte saß. Vor lauter Begeisterung hatte er
die flotte Lotte vergessen.
Sie hatte schon mehrmals seinen Namen
gerufen und keine Antwort bekommen.

Wisst ihr warum?

Der Schlauch lag am Boden. Die „Telefonleitung"
war unterbrochen. Das arme Lottchen saß in
der Ecke des Bienenkasten und war traurig,
weil ihr Freund Ambrosius sich nicht von ihr
verabschiedet hatte.

Oder ob ihm was passiert war?

Wie gerne hätte sie noch mit ihm geplaudert.
Vielleicht hätte er ihr noch etwas von den
Menschen erzählt, die sich mit den Bienen
beschäftigen.

Schade.

Durch das gleichmäßige Summen der anderen
Bienen war sie eingeschlafen. Ambrosius
zuckte zusammen, als er bemerkte, dass er seine
Freundin Lotte vergessen hatte.
Er nahm den Schlauch und sprach hinein:
„Lotte, hörst du mich? Dein Freund ist noch
da". Sie wurde wach und sagte: „Gott sei Dank,
Ambrosius, ich dachte, dir wäre etwas
zugestoßen!" „Nein, nein, alles in Ordnung. Nur
kalt ist mir, kleine Lotte. Ihr habt gut reden in
eurem Kasten da drinnen. Eine Biene möchte
ich sein und inmitten eurer Wintertraube sitzen!"

„Wir sitzen nicht, wir bewegen uns Tag und
Nacht. Da staunst du, was? Wir Arbeiterinnen
bewegen uns immer fort, ganz langsam von
außen nach innen, damit alle Bienen gleichmäßig
warm bleiben. Das notwendige Winterfutter
ist ganz in der Nähe dieser lebendigen Traube

untergebracht, damit wir es alle gut erreichen
können". - „Meinst du den Zucker, den ich im
Herbst für euch herangeschleppt habe?" - „Wie
bitte, Ambrosius? Warst duuu das?" - „Oh ja,
liebe Lotte, ich habe euch die Zuckerlösung
gebracht". – „Wie hast du das denn gemacht?" -
„Der Zucker wird in kleinen Eimern mit Wasser
aufgelöst. In de Mitte des Eimerdeckels ist
ein kleines, engmaschiges Sieb. Im Kastendeckel
ist ein rundes Loch. Einfache Sache, weißt du.

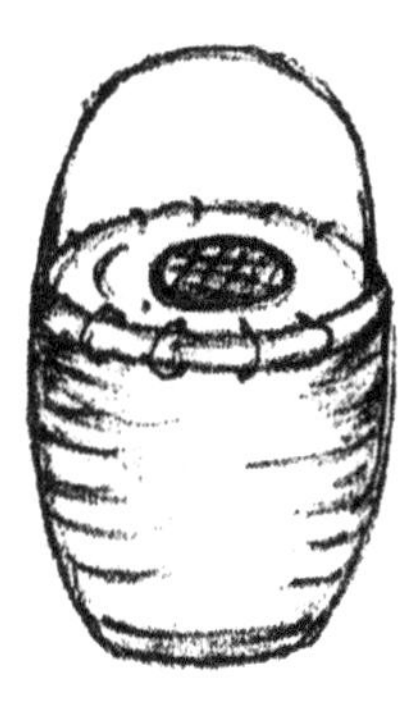 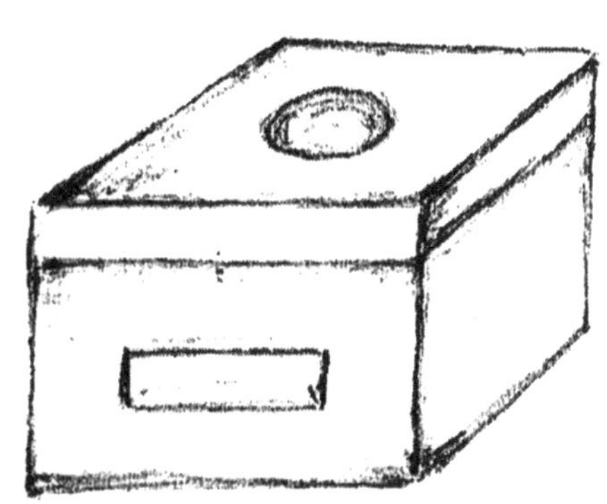

Dann wird der Eimer umgekippt, so dass ihr mit
eurem Rüssel das Zuckerwasser aus dem
Eimer entnehmen könnt. Ihr braucht jetzt nur
noch das notwendige Futter in eure Zellen zu
bringen".

„Jetzt geht mir ein Licht auf, Ambrosius! Das
ist ja ein Tauschgeschäft. Du holst dir den
Honig und wir bekommen den Zucker". – „Du
hast es erraten, mein Lottchen".
„Oh warte, du Schlaumeier!", lachte die Lotte.
„Es ist gar nicht so einfach, meine Liebe, das
kann ich aus Erfahrung sagen". – „Das geschieht
dir recht, aber wieso ist es nicht so einfach?" –
„Damit der Honig nicht heraus läuft, verdeckelt
ihr Arbeiterinnen eure Zellen. Das kennst
du doch oder?"

„Oh ja, Ambrosius, aber wie kannst du sehen,
dass unsere Zellen zu sind?" – „Ich hole die
Waben aus eurem Kasten und schaue nach". –
„Du bist ganz schön clever!"

Allmählich wurde ihr klar, dass Ambrosius
ganz genau über das Leben der Bienen
Bescheid wusste. „Macht nichts", dachte sie,
„vielleicht können wir Bienen noch etwas von
den Menschen lernen". Und dann sagte sie laut:
„Wie geht es weiter, was machst du jetzt?" –
„Wenn ihr fast alles verdeckelt habt, hole ich
eure Waben heraus und öffne die Zellen mit
einer Entdecklungsgabel".

„Wie bitte, höre ich richtig? Das sind lauter
Fremdwörter für mich". – „Nun stelle ich die
Waben in eine Schleuder". – „Aber Ambrosius,
was ist das schon wieder?" – „Es ist ein Kessel
aus Edelstahl. Den drehe ich mit eigener Kraft.
Es geht aber auch elektrisch".

„Was höre ich da! Mir bleibt die Spucke weg!
Aber weiter, weiter … was geschieht dann?
Jetzt bin ich aber neugierig, Ambrosius". – „Ja,
durch die Fliehkraft fliegt de Honig aus den
Waben heraus an die Wand des Kessels". –
„Und wie holst du ihn dann heraus,
Ambrosius?", fragte das Lottchen neugierig.
„Ich öffne einen Hahn und dann läuft der
goldgelbe Honig durch ein Sieb in einen Eimer,
den ich in einen großen Behälter entleere.

Honig

„Klebt das auch, mein Freund?"
„Und ob! Du kannst es dir nicht vorstellen!" –
„Geht es noch weiter, Ambrosius?" – „Na klar!
Jeden Tag muss ich diesen Honig rühren". –
„So, so, so!"

Nach einiger Zeit, wenn der Honig etwas
fester geworden ist, fülle ich ihn in Gläser um.
Darin kandiert er. Das heißt, er wird fest. So
muss er sein. Euer Honig, … liebe Lotte, ist in
der ganzen Welt bekannt".
„Das freut mich! Moment, Moment, Ambrosius.
Lissi hat mir etwas ins Ohr geflüstert".

„Was denn?"
„Das verrate ich nicht. Du wirst es später
erfahren". – „Macht keine Witze ihr Zwei. Habt
ihr eigentlich vergessen, das ich hier draußen
in der Kälte sitze?" – „Um Himmelswillen!" –
„Der Schneemann schaut mich grimmig an, als
wenn er sagen wollte, was willst du eigentlich
in meinem Wintergarten. Ich halte die Wache
vor dem Bienenhaus!"
Die beiden kicherten und sagten: „Bitte, bitte,
Ambrosius, bleib noch einen Augenblick bei uns".

Obwohl seine Nase jetzt genauso rot war, wie
die Mohrrübe des Schneemannes, ließ er sich
noch einmal überreden.

„Lissi ist gerade zur Königin Regina geflogen.
Vielleicht bringt sie gute Nachrichten mit. Sie
wird ihr erzählen, wie gesund Honig für die
Menschen ist".
„Ich lass mich überraschen", erwiderte
Ambrosius.

„Dann muss ich aber wirklich nach Hause, denn
meine Frau Marie wartet auf mich". – „Hat
Lissi dir schon geschrieben, dass unsere
Königin größer ist als wir?"
„Ja, Lotte, sie hat ein Bild gemalt, auf dem es
deutlich zu sehen ist". – „Außerdem hat die
Königin im Gegensatz zu uns Arbeiterinnen
keine Werkzeuge zum Sammeln von Pollen und
um die Brut zu füttern an ihrem Körper. Denn
ihre Hauptaufgabe ist das Eierlegen.

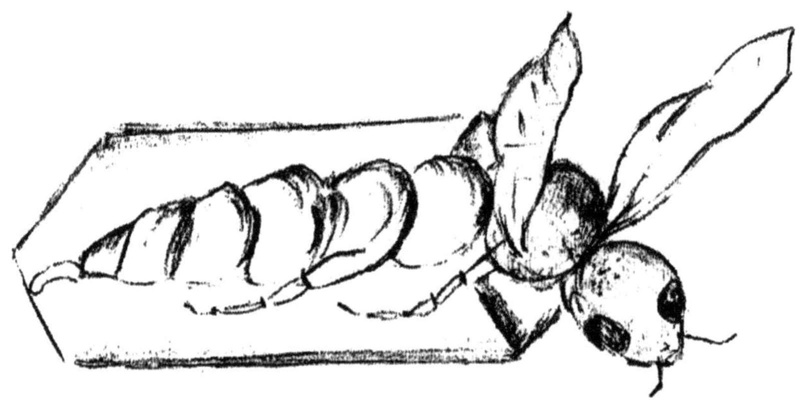

Sie beginnt übrigens jetzt schon, Anfang
Februar, ungefähr 40 Eier pro Tag zu legen,
damit wir bis zum Sommer ein starkes Volk
werden. Um diese Zeit kann es och sehr kalt
werden, dann stellt sie das Eierlegen sofort ein,
denn die daraus entstehende Brut müssen wir ja

schließlich warm halten und füttern,
Ambrosius".

„Da hast du recht, flotte Lotte. Und wer hält
mich warm hier draußen? Der Wind saust mir
um die Ohren!" – „Oh je, oh je! Es tut mir leid,
mein Freund. Beruhige dich, Lissi wird doch
sicherlich bald wieder hier sein, um uns zu
erzählen, was sie erlebt hat".
„Ich will es hoffen!"
„Weißt du, Ambrosius, wie viel Eier unsere
Königin in den Sommermonaten legt?" –
„Nein Lotte, ich höre".

Er wusste es natürlich genau, wollte ihr jedoch
die Freude nicht nehmen und ließ sie
weiterreden. Er glaubte immer noch daran,
irgendetwas von ihr erfahren zu können, was
nicht in seinen Büchern stand. „Ich will's nur
dir verraten, Ambrosius. Pro Tag sind es 1000
bis 1.500 Stück".
„Das kann ich nicht glauben!"

„Oh ja, das stimmt. Wir müssen ihr aber auch
genügend Futter geben. Im Winter sind wir
Frauen mit unserer Königin Regina alleine.
Unsere Männer, die Drohnen, können wir leider

nicht durch den Winter füttern. So viel Futter
könnten wir niemals heranschaffen. Nein, nein
das ging über unsere Kräfte.

Sie selbst tragen nämlich überhaupt nicht zur
lebensnotwendigen Versorgung unseres Volkes
bei. Wenn sie nicht arbeiten, dann sind sie nur
Ballast! Findest du nicht auch, Ambrosius?"
„Das stimmt, aber was macht ihr mit ihnen?"
Und schon flog ein Zettel aus dem Flugloch.
„Schau dir das Bild doch an, hat Lissi gemalt,
Ambrosius!"

„Ab Juli kümmern wir uns nicht mehr um sie".
„Ach so, jetzt weiß ich, liebe Lotte, weshalb ich
halb verhungerte oder sogar tote Drohnen
draußen vor eurem Flugloch finde".

„Hast du noch nichts von unserer Drohnenschlacht
gehört?" – „Nein", sagte Ambrosius, „erzähle
bitte weiter ..." – „Die noch überlebenden,
männlichen Bienen werden von uns getötet.
Das hört sich brutal an oder ist es eigentlich
auch. Es tut uns auch leid, aber sonst sterben

wir Bienen aus". – „Und ich sterbe bald vor
Kälte, weißt du das, flotte Lotte?" – „Du Ärmster.
Darf ich dir nur noch eine Frage stellen?"
Ambrosius zitterte schon am ganzen Leib.
„Warum fürchten sich eigentlich so viele
Menschen vor uns? Wir wehren uns doch nur,
wenn wir in Gefahr sind. Sag doch selber,
Ambrosius, würdest du dich treten, schlagen
oder zerquetschen lassen?"
„Nein, auf keinen Fall."
„Na also! Die meisten Menschen verwechseln
uns mit den Wespen und das sind unsere
ärgsten Feinde. Sie versuchen im Sommer
unseren Honig zu räubern und an eurem
Pflaumenkuchen zu naschen. Wie wehren uns
und kämpfen heftig miteinander. Was macht
ihr?" – „Du hast recht, wir schlagen ebenfalls
darauf los". – „Na also. Na nu, wer kommt
denn da herangeschlichen? Ach du bist es,
Lissi. Endlich".

„Königin Regina hat mir ein kleines Päckchen
mitgegeben. Eine Überraschung für unseren
Freund Ambrosius".

Bevor Ambrosius fragen konnte, was geschehen war, lag das klitzekleine Paketchen vor seinen schweren Winterstiefeln auf dem Boden.

Er erschrak, hob es auf und meinte: „Nun sag ich aber endgültig Auf Wiedersehen. Ich danke euch".

Mit roter Nase und durchgefrorenem Körper trat er mit großen Schritten in die gleichen Spuren, die zum Gartentor führten. „Ob Lissi und Lotte durchs Flugloch lauern", dachte er und drehte sich noch einige Male um.

Die Zeit verging.
Der Frühling war da.
Der Schnee war schon längst geschmolzen.

Die flotte Lotte und ihre Sekretärin Lissi
warteten vergebens auf ihren Freund
Ambrosius.

Was war geschehen?

Ambrosius war krank. Er hatte zu lange
draußen in der Kälte gesessen und sich mit
Lotte unterhalten. Seine Frau Marie musste ihn
pflegen und wusste nicht, wo er sich so eine
furchtbare Erkältung geholt hatte.
Er hatte ihr immer noch nichts von seinem
neuen „Bienenpostamt" erzählt.

Nun lag er da und hatte hohes Fieber.
Wenn er eingeschlafen war, träumte er von
seinen Bienen. Einmal träumte er sogar, dass
Lissi, die Sekretärin, in seinem Schlafzimmer
umherflog. Sie hatte einen Brief zwischen den
vorderen Beinchen und landete direkt vor ihm
auf seinem Kissen. Als sie dann auch noch
kläglich wimmerte: „Ambrosius, wach doch
auf!" erschrak er. Plötzlich fiel ihm ein, dass er
von der Bienenkönigin ein Päckchen mit
kostbarem Inhalt bekommen hatte.

PROPOLIS hatten sie für ihn zubereitet, die
Bienen. Sie holen es aus den Harzen
verschiedener Bäume und benutzen es zur
Abdichtung und zur Desinfektion ihrer Beute.

Was stand auf dem Zettel?

Natürliche Vorbeugung
bei Erkältung, Infektionen
und Entzündungen.

„Was will ich noch mehr", rief er und nahm 3 x
täglich 15 Tropfen. Einige Tage danach war er
gesund.

Glücklich spazierte er wieder zu seinen Bienen.
Die Sonne warf ihre ersten warmen Strahlen auf
die feuchte Gartenerde. Überall an den Zweigen
waren schon kleine Knospen zu sehen.
Ambrosius atmete tief ein und genoss die Ruhe
in seinem Garten.

Die Vögel zwitscherten, als wenn sie sagen
wollten: „Na, bist du wieder da?" Im Winter
hatte er sie gut mit Futter versorgt und hörte
jetzt ein „Dankeschön" aus dem Gezirpse.

Langsam kam er seinem Bienenhaus näher. Oh
je, was war denn da zu sehen? Vor dem
geheimnisvollen Flugloch lagen drei Briefe
auf dem Boden.
„Ob Lissi das gemacht hat?", sprach er leise. Er
freute sich, dass sie ihn nicht vergessen hatten
und nahm die Briefe auf.
Eine Unterhaltung mit der flotten Lotte war
nicht möglich, denn es herrschte an allen
Fluglöchern großer Flugverkehr. Ambrosius
wusste sofort was los war.

Es war ein Reinigungsflug.

Stellt euch vor, die Bienen halten im Winter
ihren Kot fest und wenn die Sonne die
Temperaturen über 16 Grad ansteigen lässt,
dann kommt Bewegung in die Wintertraube.
Dieses Flugwetter veranlasst die Bienen zum
Ausfluge und damit zur Entleerung ihrer
Kotblase.

Um diese Zeit muss Ambrosius darauf achten,
dass er keinen Ärger mit der Nachbarin
bekommt, die gerade ihre Wäsche auf der Leine
hängen hat.

Was meint ihr wohl weshalb?
Die saubere Wäsche bekommt
‚Sommersprossen'! Ihr werdet jetzt
lachen, aber die Nachbarin ärgert sich.

Gott sei Dank kann Ambrosius den Schaden mit
seinem Honig wieder gutmachen.
Die Nachbarin weiß aber auch, das sie ohne
diese Bienen viel weniger Äpfel, Birnen und
andere Früchte ernten würde.

Lissi wird euch gewiss noch vom Blütenbesuch
der Bienen berichten.

Ambrosius setzte sich auf die Bank, die vor dem
dicken Stamm seines blühenden Kirschbaumes
stand, der ihm im Sommer reichlich Schatten
schenkte.
Seine fleißigen Bienchen sorgten dafür, dass er
körbeweise von den süßen Speckkirschen
ernten konnte. Die Zweige wurden so schwer,
dass sie sich fast bis auf seine Bank
hinunter bogen.

Von dort aus konnte er seine Bienen
beobachten, die unermüdlich ein- und
ausflogen. „Ob meine Lotte auch dabei ist?",
dachte er. Was sollte er machen, er konnte doch
nicht rufen. Oder doch?

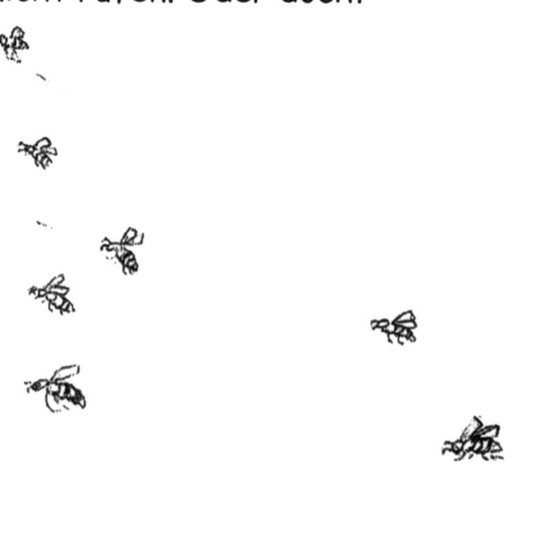

„Komm zu mir, mein Lottchen", flüsterte er. Es kreisten wohl einige Bienen um ihn herum, aber es antwortete keine.

Ach du liebe Zeit, nun hätte er fast vor lauter Begeisterung die Briefe vergessen.
Vielleicht hatte Lissi etwas Wichtiges aufgeschrieben. Nein, nicht vielleicht, sondern ganz bestimmt.
Hier im Garten wollte er nicht die Post öffnen, denn seine Imkerfreunde Rolf, Hans, Ernst oder Alex könnten kommen und von seinem Geheimnis erfahren.
Hatte er doch recht getan, denn wen traf er auf der Straße? Ernst, ein erfahrener Imker, der schon 40 Jahre Freude an seinen Bienen hat.
„Hallo Ambrosius, was machen deine Bienen? Reinigungsflug was?" Ernst hatte 24 Völker.
Könnt ihr euch denken, wie viele Bienen hin und her flogen?

Zu dieser Zeit können es die Imker allerdings nie genau sagen, aber im Sommer sind es ungefähr 80.000 Bienen pro Volk. Diese Rechenaufgabe könntet ihr doch selber oder vielleicht mit euren Eltern lösen, oder?

Hättet ihr das gedacht?
Endlich saß Ambrosius alleine an seinem
Schreibtisch. Nun war es soweit. Jetzt konnte er
die Briefe öffnen. Was hatte Biene Lissi ihm
wohl in die Umschläge gesteckt?
Die Blumenbriefmarke sah niedlich aus, die sie
ihm auf den Briefumschlag geklebt hatte.

Behutsam faltete er das Papier auseinander. Er
blinzelte bedächtig über die erste Seite hinweg.
Seine Augen strahlen, dass der Glanz sich fast
in seinen Brillengläsern wiedergespiegelt hätte.
„Meine kleine Lissi!", rief er so laut, dass seine
Frau Marie hereinkam und ihn fragte: „Hast du
mich gerufen?"
„NEIN, nein .....", stotterte er. – „Ich hab's
doch gehört, dann hast du laut gedacht!" – „Das
kann sein", gab er zur Antwort und schmunzelte
ein wenig.
„Eigenartig", dachte Marie. Das war's ja auch,
aber was sollte er machen!

Aber nun lest selbst, was Lissi ihm geschrieben
hat:

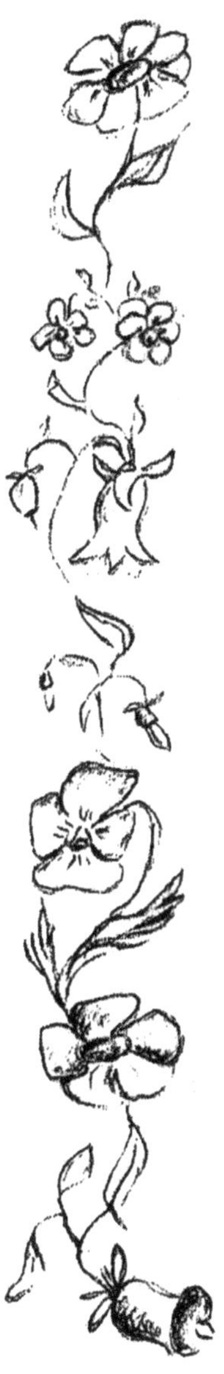

Lieber Ambrosius!
Vielen Dank für deine
Grüße. Ich bin froh darüber,
dass du dich über meine
Post gefreut hast. Mit Liebe
habe ich für dich gemalt
und geschrieben. Wie ich
erfahren habe, hast du
dich mit meiner Freundin
Lotte sehr lange
unterhalten. Ich konnte
leider nichts verstehen.
Deshalb kann es sein, dass
du zweimal das Gleiche
erfährst. Das dürfte doch
kein Fehler sein, oder?
Doppelt gemoppelt hält
besser! Ha – ha – ha ...
Deshalb wundere dich
nicht mein Bienenfreund.

Bis dann ... Deine

Ambrosius las und grinste zugleich. So hatte er
doch stundenlang in den Büchern gelesen und
in seinem Bienenhaus gearbeitet. Wenn das die
Lissi wüsste! Oh weh! Oh weh!

Sie schrieb weiter ...

Die Arbeitsbienen oder Arbeiterinnen sind die
kleinsten und wahrhaft fleißigsten „Glieder des
Volkes". Sie bilden die Masse der Bienenschar.
Dazu gehöre ich auch, Ambrosius. Verstehst du
doch, nicht wahr?

Ich hatte dir schon Bilder über unseren
Lebensweg gemalt. Du hast sie dir sicherlich
angeschaut und in deinen Ordner geheftet.

Ambrosius nickte vor sich hin.

Weil wir Arbeiterinnen sind, haben wir auch
Werkzeuge an unseren kleinen Körpern. Es sind
die Kämme an unseren Hinterbeinen, die wir
zum Zusammenfegen des Blütenstaubes
benutzen. Körbchen, die uns zum Sammeln der
Pollen dienen, Wachsdrüsen und Futterdrüsen.
Du weißt ja, dass wir unseren Futtersaft selber
herstellen, mein Bienenfreund.

Den Nektar saugen wir mit unserem Rüssel auf.
Das ist auch eines unserer Werkzeuge. Der süße
Pflanzensaft gelangt durch die Speiseröhre in
unseren „Honigmagen".
Wir geben eigenen Drüsensaft hinzu, so dass
dadurch der dünnflüssige Honig entsteht, den
wir unseren Madenkindern bringen, die
wachsen müssen.
Verstehst du das, Ambrosius?

„Aber gewiss", antwortete er, als wenn er sich
mit ihr unterhielt.

Wir lagern natürlich auch Honigsaft als Vorrat
in unseren Zellen ab. Weil er aber zu
dünnflüssig ist und herauslaufen würde, müssen
wir ihn eindicken, Ambrosius. Weißt du wir
wir das machen? Pass auf! Dichtgedrängt sitzen
wir Arbeiterinnen auf den Honigwaben und
schlagen heftig mit den Flügeln. Der warme
Luftstrom, der über die Zellen streicht, lässt das
Wasser verdunsten. So entsteht der dickflüssige
reife Honig.

Bevor Ambrosius den nächsten Briefumschlag
öffnete, blätter er in seinem Tagebuch.
Halt! Was stand da?
Achtung! Schwarmstimmung!
Hatte Lissi vergessen, ihm darüber zu
berichten? Er holte seinen Ordner und blätterte
mehrmals das neu entstandene „Bienenbuch"
durch.
„Nein! Nein! Nichts zu finden", brummelte
Ambrosius vor sich hin und zog an seinem
krausen Bart. Es ist nämlich so, dass er von
Anfang Mai bis Ende Juli in Abständen von
ungefähr 8 bis 9 Tagen seine Völker durchsehen
muss.

Die Bienen wollen sich vermehren. Der Raum wird zu eng. Die Brutnester verlangen mehr und mehr Zellen, damit die Königin ihre Eier ablegen kann.
Wenn nicht genügend Platz vorhanden ist, zieht die alte Königin aus und nimmt einen Teil des Volkes mit.
Sie schwärmen!
Eine schwarze, surrende Wolke breitet sich aus. Ein einmaliger Anblick. Schaurig schön. Beängstigend für den, der es noch nie gesehen hat. Um diese Zeit klingelt oft bei Ambrosius zu Hause das Telefon.

Es meldet sich die Polizei: „Einen Bienenscharm ... bitte kommen!" Die Menschen geraten bei diesem eigenartigen Erlebnis in Panik. Sie rufen die Polizei an. Das ist auch richtig, denn die Polizei hat alle Telefonnummern der Imker.

Ambrosius holt sich seine Bienen wieder. Sie hängen meistens irgendwo in der Nähe des Bienenstandes wie eine Traube an einem Ast, einem Pfahl oder auch in einer Hecke. Er schlägt gegen den Ast und fängt den Schwarm

mit seinem Bienenkorb ein. Den Rest fegt er ab.
Jetzt hat er ein neues Volk.

Das gelingt ihm natürlich nicht immer.
Wer im Sommer Honig ernten will, muss Vater
seiner Bienen sein.
Das ist Ambrosius auch.

Nun liest er den nächsten Brief ...

Lieber Ambrosius!

Kannst du dir vorstellen, mein Freund, wie mir
zu Mute war, als ich nach 20 Tagen Innendienst
unsere dunkle Wohnung verlassen durfte und
mit meinen großen Facettenaugen das Licht der
Sonne und die leuchtenden Farben der Blumen
oder Obstbaumblüten erblickte?

Wie sie duften, diese Blüten!
An meinen Fühlern befinden sich Riechplatten,
die den herrlichen Duft auffangen. Mmmh …
Eine Wonne, sag ich dir!
Ich kann mir denken, dass du wissen möchtest,
wie wir diese Blumen finden.

Einfache Sache. Durch einen Bienentanz mache
ich meine Geschwister darauf aufmerksam. Das
ist wahr, Ambrosius. Du kannst mir glauben!

Wenn ich den Nektar heimgebracht habe, setze
ich mich auf eine Wabe und melde den Fund
durch einen Tanz. Schau dir das nächste Bild
einmal an, Ambrosius. Das ist der Rundtanz.

Zuerst tanze ich alleine. Dadurch zeige ich
meinen Geschwistern, das sich neue Blüten
entdeckt habe.
Eine sagt es der anderen und schon tanz die
ganze Bienenschar. Da ich den Duft der
besuchten Blüte an meinem Haarkleid
mitbringe, wissen meine Mittänzerinnen,
welche Blumenart ich besucht habe.

Danach geht die Sauserei los. Unermüdlich hin
und her. Das ist noch längst nicht alles,
Ambrosius. Ich tanze auch den „Schwänzeltanz".
Dazu bewege ich mein Hinterteil und laufe
zwei Kreise. Die Mittellinien stoßen aufeinander.
Kennst du eine 8? Sie sieht es aus. Je schneller
ich laufe, desto näher ist die neue Fundstelle.
Je langsamer, desto weiter. Toll was?

Meine Geschwister, die zuerst zuschauen,
machen später alle mit.
Die Richtung der Futterstelle zeige ich ihnen
durch meinen Schwänzeltanz auf der
Mittellinie. Das ist ein lustiger Tanz, Ambrosius.
Immer der Sonne entgegen. Danach geht es
hinaus in die Ferne und mit gefüllten Körbchen
zurück in unsere Wohnung.

Als Ambrosius mit aller Sorgfalt Lissi's Zeilen
durchgelesen hatte sagte er: „Bienen und Blüten
gehören zusammen und sind ganz und gar
aufeinander angewiesen.
Bei der Nahrungssuche tragen sie große Mengen
des Blütenstaubes, der an ihrem kleinen Körper
hängen bleibt, auf andere Blüten. Ja, ja, meine
Lieben, ohne euch könnten sich an vielen Obst-
und Gemüsesorten keine Früchte bilden.
Ob sie das eigentlich wissen?
Ich werde es morgen sofort meiner Lotte
erzählen! Dieses Lob haben sie verdient, denn
auch wir Menschen hätten weniger Obst und
vielleicht im Laufe de Zeit auch weniger Blumen".

„Schade", dachte Ambrosius, „dass es noch
Bauern, Kleingärtner und Gartenfreunde gibt,

die bienengefährliches Pflanzenschutzmittel
benutzen, das Unheil unter den Bienen
anrichtet".

Verträumt saß er mit Lissi's Brief in der Hand
in seinem Sessel. Er dacht an seine Bienchen,
die im vorigen Jahr qualvoll sterben mussten
und massenweise vor dem Flugloch seines
Bienenhauses lagen.

Dass sie vergiftet und nicht krank waren,
konnte er an dem Verhalten der armen Tierchen
sehen.
Sie taumelten, fielen um und blieben mit
zuckenden Beinen auf dem Rücken liegen. Sie
drehten sich im Kreise, schwirrten mit den

Flügeln und versuchten sich aufzurichten, um wegzufliegen.

Sie konnten es nicht mehr.

„Oh diese Menschen!", sagte Ambrosius. „Gott sei Dank gibt es eine Bienenschutzverordnung. Wer dagegen verstößt, handelt ordnungswidrig und muss mit Strafen oder Bußgeldern rechnen.

Das ist gut so!"

Ihr solltet aber wissen, dass die Bienen, genau
wie alle anderen Tiere, auch krank werden
können. Ambrosius hat Fachbücher, die
verschiedene Krankheiten beschreiben.

Für alle Imker ist es interessant, aber für euch
leider noch zu schwierig.

Deshalb lesen wir lieber, was Lissi schreibt:

Was ich dir jetzt schreibe, hört sich wie ein
Märchen an, aber es ist Wirklichkeit, mein
Freund.

Es war einmal eine Königin, die 8 bis 10 Tage
nach dem Schlüpfen ihre Wohnung verließ.
Sie hatte ihren Hochzeitsflug. Einige Tage
vor ihrem Hochzeitsflug macht sie ihre
Orientierungsflüge.
Mit ihren großen Augen schaut sie sich die
Umgebung genau an und prägt sich alles ein.
Da staunst du, was?

Ambrosius lächelte!
Sie schreibt weiter ...

Dass zur Hochzeit Braut und Bräutigam
gehören, weißt du doch, Ambrosius?! Sie hat
aber nicht nur einen Bräutigam, sondern
mehrere. Es sind die Drohnen. Hoch in den
Lüften sucht sie sich ihre Partner aus, die aber
nach der Paarung leider sterben müssen. Von
ihnen bekommt sie den Samen, den sie ihr
ganzes Leben in einer Blase inmitten ihres
langen Hinterleibes aufbewahrt. Sie befruchtet
die Eier i den Zellen, aus denen Arbeiterinnen
und Königinnen schlüpfen.

Drohneneier werden nicht befruchtet. Du
kannst dir denken, lieber Ambrosius, dass wir
für unsere Königinnen größere Zellen bauen.
Sie werden mit dem Königinnenfutter „Gelee
Rojal" gefüttert. Das ist Ehrensache, mein
Lieber!
Sie duftet herrlich, unsere Königin.
Wir Arbeiterinnen umgeben sie ständig, um sie
zu pflegen und zu füttern.

Auf der nächsten Seite habe ich dir lustige
Bienchen gemalt. Ob sie sich den Bräutigam
mit Zylinder und Blumenstrauß ausgesucht hat?

Ich hätte das gemacht.

Schön sieht er aus, nicht wahr?

„Das muss ich auch sagen, Lissi", erwiderte
Ambrosius und lächelte.

Die Frühlingssonne schien zum Fenster hinein
und warf ihre Strahlen direkt auf die
„Hochzeitsgesellschaft". Das Bild lag vor ihm
auf dem Schreibtisch. „Eigenartig", dachte
Ambrosius, „denn ohne Sonne findet draußen in
der Natur kein Hochzeitsflug statt. Ob sie mir
das erzählen will?"
Die Sonne lockte auch ihn hinaus. Er heftete die
Briefe ab, zog sich eine Jacke über und rief:

„Tschüss Marie, bin im Garten!" – „Halt, halt!
Ich komme mit", wollte sie sagen, aber
Ambrosius war nicht mehr zu sehen.
Er war nicht nur Imker, sondern auch Gärtner
und wenn er nicht bei den Bienen war, säte er
neuen Samen, pflanzte junge Pflanzen und
hackte die hart Erde auf.

Marie wusste, dass er dort glücklich war, seine
Sorgen vergaß und freute sich mit ihm. Wenn
sie Zeit hatte, half sie ihm beim Unkrautjäten
oder bei der Ernte. Sie spürte im Innern ihres
Herzens, dass er ihr irgendetwas verheimlichte.
So war es ja auch. Wenn Lotte und Lissibiene
eines Tages nichtmehr in seinem Bienenhaus
sind, wird er reden können.

Ein Versprechen muss eingehalten werden.
Was meint ihr?

Lotte und Lissi gehörten, wie ihr nun wisst, zu
den Winterbienen, die vom Herbst bis Anfang
Mai leben. Ambrosius stand vor seinem
Gartentor. Was lag da im Gartenweg?

Ein großer Brief. Sie werden doch nicht? Nein,
der Wind muss ihn bis hierher geblasen haben.

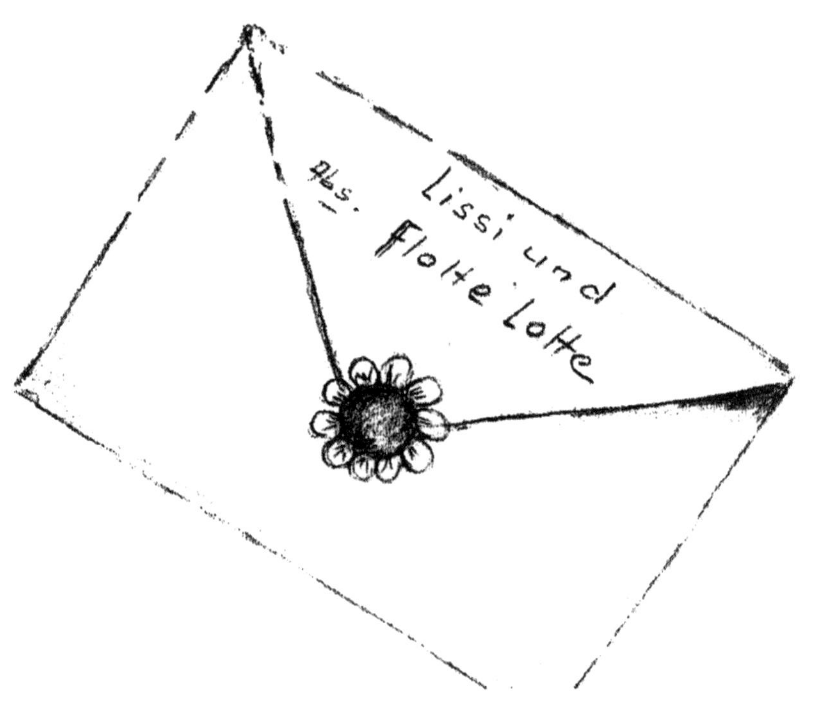

Lissi und
Abs. Flotte Lotte

Behutsam stellte er das Fahrrad gegen den
Zaun. Gruselig war es in der Dunkelheit. Nachdem
er vorsichtig das Gartentor hinter sich
zugemacht hatte, schlich er auf Zehenspitzen
über den langen Gartenweg bis hin zu seinem
geheimnisvollen Bienenhaus.

Wie ihm zu Mute war, könnt ihr euch vorstellen.
Schweißperlen standen auf seiner Stirn. „Was
mag los sein?", dachte Ambrosius. Noch war
rundherum alles mäuschenstill.

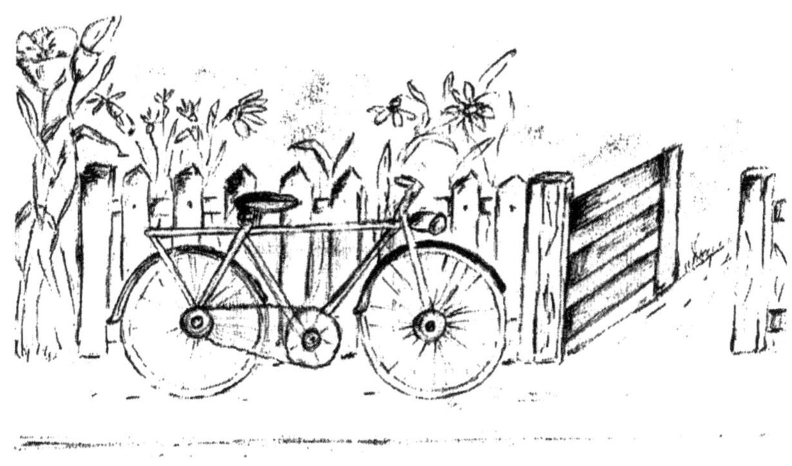

Nur ein Maulwurf krabbelte unter der Erde und warf gerade einen Hügel nach oben. Jetzt erschrak ein Vögelchen und flatterte mit den Flügeln.

Nun hüpfte auch noch ein Hase vor seinen Füßen. Zu guter Letzt sprang eine Katze vom Ast herunter und rannte hinter einer Maus her. Ambrosius zuckte zusammen: „Muss das sein, du gespenstiger Kater?"

Erregt rappelte er mit dem Schlüssel, schloss
das Tor auf und hielt bald darauf den
Papierbogen in seinen Händen. Mit Honig hatte
Lissi den Umschlag versiegelt.

Was sah er jetzt?

Ambrosius war baff. Da muss was passiert sein!
Aber was? Er zog an seinem Bart, überlegte
und brummelte: „Was mache ich nur?" Ihm
blieb nichts anderes übrig, als abzuwarten, denn
jetzt war es unmöglich, den Schlauch ins
Flugloch zu stecken.

Die fleißigen Bienen, die Außendienst hatten,
flogen unermüdlich ein und aus.
Ganz, ganz spät am Abend sagte er zu seiner
Frau: „Ich muss unbedingt noch einmal zu
meinen Bienen".
„Wie bitte, es ist doch schon dunkel – da stimmt
doch etwas nicht!"
„Deshalb muss ich ja hin, Marie".
Sie schüttelte den Kopf und wusste nicht, was
sie denken sollte.

Die Zeit verging.
Der Sommer war da.
Der Herbst ließ nicht mehr lange
auf sich warten.

Jetzt war es soweit!
Achtsam steckte er den Schlauch ins Flugloch
und flüsterte hinein: „Hallo Lotte, hörst du
mich?"
Er hörte nichts.
„Hallo, hallo Lottchen, ich bin's dein Freund".
Noch keine Antwort. Der letzte Versuch, nur
etwas lauter: „Hallo, meine Lieben, hier spricht
Ambrosius!" Da ... jetzt hörte er klägliches
Wimmern. Oder? Er hielt den Schlauch ganz
dicht an sein Ohr und horchte. „Da ... da ...
bist du ja. Am ... am ... brosius. Wir möchten uns
von dir verabschieden. Unser Leben geht zu
Ende. Unsere Kraft reicht nicht mehr aus".

Ambrosius zog seine Stirn in Falten.
„Hoffentlich schaffen wir es noch, uns morgen
früh beim ersten Sonnenstrahl in eine Blüte
deines wunderschönen Apfelbaumes zu legen.
Der warme Wind wird uns in den Himmel
blasen. Lebe wohl, Ambrosius ... lebe wohl ...".
Ambrosius war traurig und hätte fast geweint.

Lotte und Lissi hatten mit letzter Kraft ihre
kleinen Flügel bewegt, um sich ins Blütenbett
zu legen.

Sie schliefen ein.
Der Wind hatte ihren Wunsch erfüllt.
Das Leben in der Natur ging weiter.

Ambrosius konnte seine beiden Freundinnen
nicht vergessen, die so manches Mal in seinen
Träumen lebendig wurden. Jeden Tag arbeitete
er in seinem Garten. Überall leichteten die
Blüten in voller Pracht, so dass die Bienen jetzt
im Sommer emsig waren. Königin Regina hatte
tausende Eier gelegt. Es waren starke Völker
entstanden.

In diesem Jahr hatte Ambrosius seiner Regina
ein gelbes Plättchen auf den Rücken geklebt.
Auch seine Imkerfreunde benutzten solche
Plättchen in der Reihenfolge der Farben Weiß,
Gelb, Grün, Rot und Blau, die jährlich geändert
werden.

Wisst ihr warum?

Weil jede Königin mehrere Jahre lebt, kann
Ambrosius an der Farbe feststellen, wie alt sie
ist. Auch die Betreuung des Volkes wird ihm
und seinen Imkerfreunden sehr erleichtert.
Um zu sehen, ob alles in Ordnung ist, holt
Ambrosius einzeln die Waben heraus, die dicht
mit Bienen besetzt sind.

Ein Blick genügt, um das farbige Plättchen zu
entdecken, das langsam durch die Bienenmasse
dahinzieht.
Es war ein gutes Honigjahr.
Ambrosius war stolz.

Bald darauf hatte auch schon der Herbst wieder
sein buntes Kleid an, ließ die Blätter fallen und
die Bienen heimwärts ziehen.

Der Winter drängte sie wieder einmal dicht zu
einer Traube beisammen.

Der Jahreskreislauf der Bienen war geschlossen
und wird sicherlich im nächsten Jahr von vorne
beginnen.

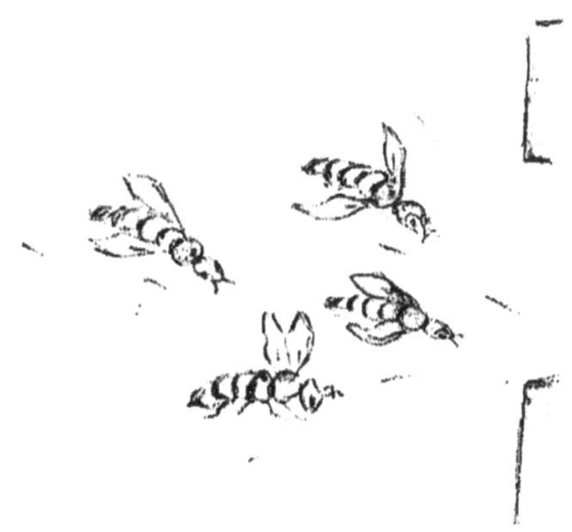